797,885 Books

are available to read at

Forgotten Books

www.ForgottenBooks.com

Forgotten Books' App
Available for mobile, tablet & eReader

ISBN 978-1-332-66391-0
PIBN 10370531

This book is a reproduction of an important historical work. Forgotten Books uses state-of-the-art technology to digitally reconstruct the work, preserving the original format whilst repairing imperfections present in the aged copy. In rare cases, an imperfection in the original, such as a blemish or missing page, may be replicated in our edition. We do, however, repair the vast majority of imperfections successfully; any imperfections that remain are intentionally left to preserve the state of such historical works.

Forgotten Books is a registered trademark of FB &c Ltd.
Copyright © 2017 FB &c Ltd.
FB &c Ltd, Dalton House, 60 Windsor Avenue, London, SW19 2RR.
Company number 08720141. Registered in England and Wales.

For support please visit www.forgottenbooks.com

1 MONTH OF FREE READING

at
www.ForgottenBooks.com

By purchasing this book you are eligible for one month membership to ForgottenBooks.com, giving you unlimited access to our entire collection of over 700,000 titles via our web site and mobile apps.

To claim your free month visit:

www.forgottenbooks.com/free370531

* Offer is valid for 45 days from date of purchase. Terms and conditions apply.

English
Français
Deutsche
Italiano
Español
Português

www.forgottenbooks.com

Mythology Photography Fiction Fishing Christianity Art Cooking Essays Buddhism Freemasonry Medicine Biology Music Ancient Egypt Evolution Carpentry Physics Dance Geology Mathematics Fitness Shakespeare Folklore Yoga Marketing Confidence Immortality Biographies Poetry Psychology Witchcraft Electronics Chemistry History Law Accounting Philosophy Anthropology Alchemy Drama Quantum Mechanics Atheism Sexual Health Ancient History Entrepreneurship Languages Sport Paleontology Needlework Islam Metaphysics Investment Archaeology Parenting Statistics Criminology Motivational

LA LANGUE FRANÇAISE

AU CANADA

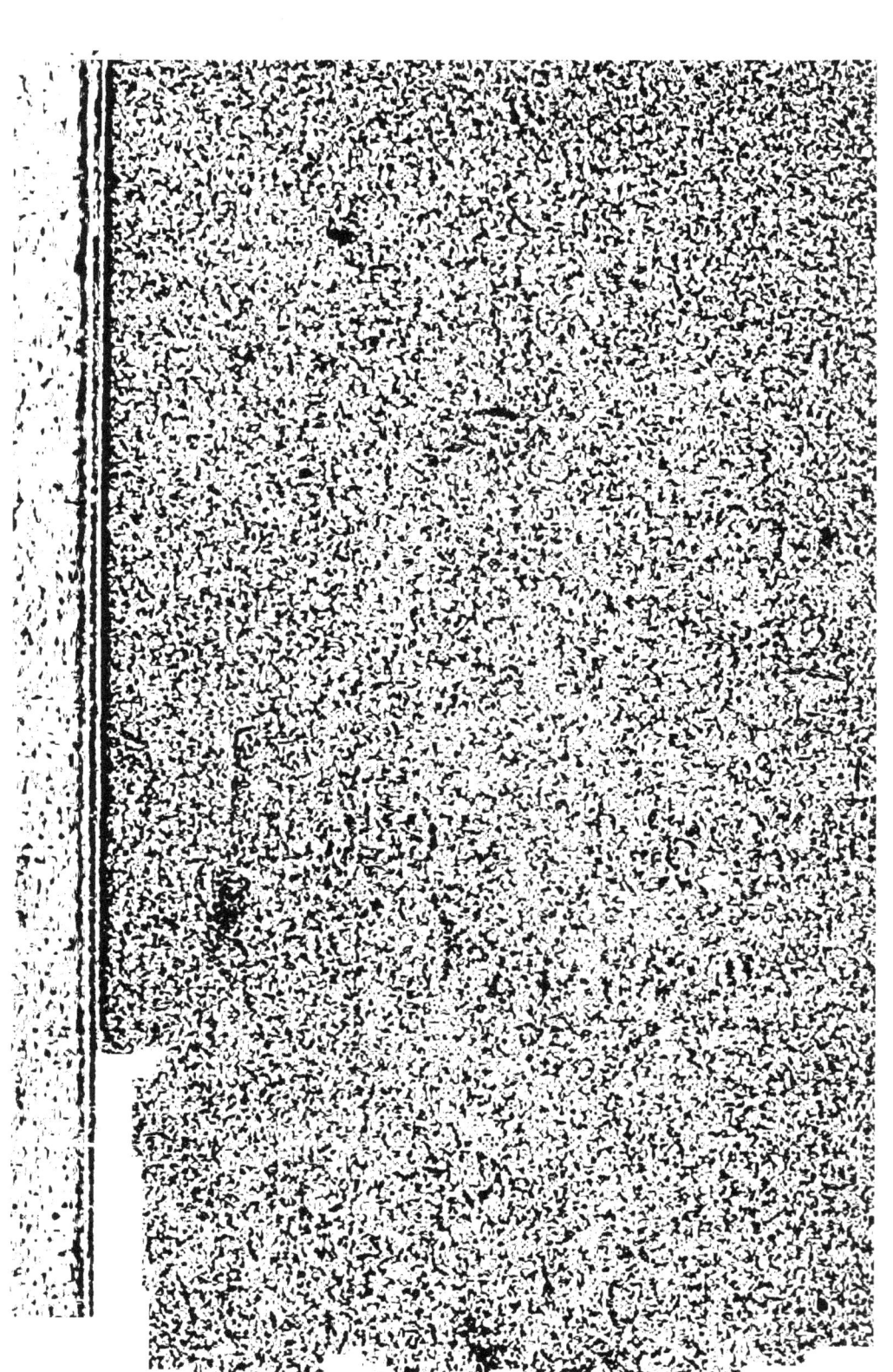

LA LANGUE FRANÇAISE
AU CANADA

Conférence lue devant l'Union catholique de Montréal, le 10 mars 1901,

par J.-P. TARDIVEL,

directeur de la *Vérité*, de Québec.

※ ※ ※

LA COMPAGNIE DE PUBLICATION DE LA
REVUE CANADIENNE,
MONTRÉAL

Enregistré conformément à l'acte du Parlement du Canada, en l'année mil neuf cent un, par M. Alphonse Leclaire, an ministère de l'Agriculture.

SAMUEL DE CHAMPLAIN,

Né en Saintonge, en 1565 ; décédé à Québec, le 25 décembre 1635.
Grand chrétien ; fondateur de Québec, père de la Nouvelle-France.

A NOS COMPATRIOTES

Le comité qui s'est formé pour publier en brochure et répandre, parmi tous nos compatriotes du Canada et des Etats-Unis, la conférence sur la Langue française au Canada, se fait un plaisir et en même temps un devoir de remercier ici publiquement, d'abord M. J.-P. Tardivel, qui a bien voulu nous permettre de reproduire son beau travail dans l'intérêt du public et sans demander pour cela la moindre rémunération. Qu'il nous soit permis d'offrir aussi nos bien sincères remerciements à tous les Canadiens assez intelligents et assez dévoués à leur nationalité pour comprendre l'importance de notre tâche ainsi que les motifs qui nous ont fait agir, et qui nous ont encouragés en nous faisant parvenir leurs commandes.

Mais nos remerciements les plus sincères, on le comprend, sont plus particulièrement dus à NN. SS. les Evêques pour leurs lettres si patriotiques.

Si, avant de lire la conférence de M. Tardivel, le lecteur désire apprendre, d'une manière à la fois plus précise et plus complète, le mérite de cette conférence aux yeux des meilleurs juges, nous le prions de vouloir bien lire, après notre annonce, les belles et fortifiantes paroles de NN. SS. les Evêques.

Enfin, notre circulaire du 26 du courant que nous croyons encore utile de reproduire, achè. vera de les renseigner sur les motifs qui nous ont fait agir, et leur fera connaître l'heureux fruit que nous espérons de la diffusion sérieuse de la conférence sur la *Langue française au Canada.*

Enfin, la lecture attentive de cette conférence terminée, le cri qui s'échappera de la poitrine de tout vrai Canadien sera, sans aucun doute, celui-ci : " Que les canadiens ont raison d'être
" fiers de leur origine, de leur nationalité, de
" leur langue ! Et qu'ils auraient tort de culti-
" ver l'anglais au détriment de la langue fran-
" çaise ! Reconnaissance à M. Tardivel de nous
" avoir fait si bien comprendre cette grande
" vérité, qu'un grand nombre des nôtres sem-
" blent oublier ! "

ALPHONSE LECLAIRE,

Président du comité

Delegatio Apostolica.

OTTAWA, Canada, 6 juin 1901

A MR ALPHONSE LECLAIRE,
Montréal.

MONSIEUR, — J'apprends avec plaisir que vous vous disposez à publier en brochure la conférence que M. J.-P. Tardivel, rédacteur de la *Vérité*, a lue devant l'Union Catholique de Montréal, le 10 mars 1901. Cette conférence, qui a reçu de magnifiques éloges des trois Archevêques de la province de Québec, de plusieurs Evêques, et du public en général, mérite certainement d'être publiée et je suis très heureux de voir l'hommage qu'on a rendu à M. Tardivel en cette circonstance. Catholique fervent et patriote sincère, dans le cours d'une carrière déjà longue, il s'est montré constamment défenseur aussi habile que zélé des doctrines de l'Eglise et des droits du Saint-Siège et il n'a manqué aucune occasion de montrer son amour pour ce pays Aujourd'hui, par son éloquente revendication de la langue de vos ancêtres, il mérite plus que jamais la reconnaissance des Canadiens-Français.

Je bénis de tout cœur votre entreprise et je lui souhaite le succès que vous êtes en droit d'attendre.

Veuillez agréer, Monsieur, l'expression de mes sentiments les plus dévoués.

(Signé) † D. FALCONIO, Arch. de Larisse,

Délégué Apostolique.

N. B.—Ayant hâté notre tirage afin de n'être pas en retard pour l'expédition de notre brochure, la lettre de SON EXCELLENCE MGR LE DÉLÉGUÉ APOSTOLIQUE n'a pu être mise avec celles de NN. SS. les Archevêques et Evêques. C'est avec un sentiment de bien vive reconnaissance que nous offrons ici nos remerciements à Son Excellence.

ALPHONSE LECLAIRE.

I

NOTRE ANNONCE

LA LANGUE FRANCAISE AU CANADA

Conférence donnée par M. J-P. Tardivel, rédacteur de la " Vérité," de Québec, devant l'Union Catho'ique de Montréal, le 10 mars 1901.

Plusieurs amis, bien connus pour la sûreté de leur jugement et leur patriotisme éclairé, ayant, comme le R. P. Ls Lalande, directeur de l'Union Catholique, au Collège Ste-Marie, manifesté un vif désir de voir cette magnifique conférence publiée en brochure sous un format commode et mise en vente à un prix très modique dans un but de propagande, M. Alphonse Leclaire, avec la bienveillante permission de l'auteur, s'engage volontiers à la livrer avant le 15 juin prochain.

Ce sera une belle brochure, pouvant se distribuer comme prix dans les écoles : beau papier, belle impression, couverture coloriée, avec titre, castor et feuilles d'érable en or ; et magnifiques gravures de saint Jean-Baptiste, de Mgr de

Laval, etc. Le papier fort de la couverture vaudra presque un cartonnage. De plus, si on le désire, on pourra se procurer une jolie demi-reliure en toile coloriée à raison de 4 ou 5 cts l'exemplaire; s'entendre pour cela avec la librairie Beauchemin, 258, rue St-Paul.

Ajoutez que le sujet de la conférence n'est pas d'un intérêt passager : ce sera une lecture aussi agréable, aussi utile et instructive encore dans 20 à 30 ans qu'aujourd'hui.

Du reste, la *Revue Canadienne* (livraison du 1er mai) contient la conférence de M. Tardivel en entier : on pourra donc la lire là avant de faire des commandes ; et l'on verra bien s'il y a l'ombre d'une exagération à recommander la propagande de la brochure en question comme une œuvre éminemment patriotique et digne, à tous égards, de l'encouragement le plus chaleureux de la part de quiconque porte quelque intérêt à la nationalité canadienne-française.

Prix du détail : 10 cts l'exemplaire, franc de port.

Mais, aux institutions scolaires (séminaires, collèges, couvents, académies et autres écoles), 4 cts l'exemplaire, si l'on n'et prend *pas moins qu'un mille ;* autrement, 6 piastres le cent.

Les promoteurs de l'œuvre avec M. Alphonse Leclaire à leur tête, se sont engagés à ne pas même faire un sou de bénéfice : c'est une entreprise toute de dévouement, de leur part.

A NOS COMPATRIOTES.

Il faudrait répandre cent mille exemplaires de cette brochure au Canada et aux Etats-Unis, pour nous laver d'un reproche odieux que l'on veut faire retomber sur notre religion et notre nationalité.

Le tirage sera limité. S'adresser à

M. ALPHONSE LECLAIRE,

290, *rue Université, Montréal.*

♣ ♣ ♣ ♣

II

LETTRES DE NN. SS. LES ÉVÊQUES.

N. B. *Ayant demandé " un mot d'encouragement " à NN. SS. les Evêques, M. Alphonse Leclaire a reçu de Leurs Grandeurs les lettres suivantes, que nous donnons, en suivant l'ordre des dates.*

1° *Mgr l'Archevêque de Montréal.*

7 MAI.

MONSIEUR.—L'analyse publiée par les journaux de Montréal, au lendemain de la conférence donnée par M. J.-P. Tardivel, à l'Union Catholique, sur la LANGUE FRANÇAISE AU CANADA, avait dans le temps attiré mon attention.

Je viens de lire le texte intégral de cette conférence dans la livraison de mai de la REVUE CANADIENNE, que vous avez bien voulu m'envoyer.

C'est, à mon avis, une forte étude et une éloquente revendication, tout à l'honneur de la belle langue française que nous ont léguée nos ancêtres, et dont nous devons nous appliquer de plus en plus à conserver le précieux dépôt.

J'approuve le projet que vous avez formé de mettre en brochure le beau et substantiel travail de M. Tardivel, et je le verrais, avec plaisir, se répandre dans toutes les familles canadiennes, et plus particulièrement dans nos institutions scolaires, à tous les degrés de l'enseignement. Il est destiné à faire tomber beaucoup de préjugés, et à nous venger de plusieurs accusations fausses, qu'on était peut-être à la veille de laisser se perpétuer sans récrimination.

Veuillez agréer, Monsieur, l'expression de mes meilleurs sentiments et mes vœux pour le succès de votre entreprise.

———

2° *NN. SS. de Saint-Hyacinthe et de Druzipara:*

10 MAI.

" L'Evêque de Saint-Hyacinthe et son humble Coadjuteur approuvent hautement le projet que vous avez formé de mettre en brochure la belle et forte étude de monsieur J.-P. Tardivel sur " La Langue française au Canada."

A notre avis, c'est faire acte de véritable patriotisme que de travailler à répandre ce beau travail dans toutes nos familles canadiennes, et tout particulièremeut dans nos maisons d'éducation."

3° *Mgr l'Archevêque d'Ottawa.*

11 MAI.

"Je suis heureux de vous dire que je joins bien volontiers mon approbation à celle que vous avez reçue de S. G. Mgr l'Archevêque de Montréal, au sujet du projet que vous avez formé de mettre en brochure l'excellente conférence de M. J.-P. Tardivel sur " La Langue française au Canada." Je fais les mêmes vœux pour le succès de votre entreprise."

4° *Mgr l'Archevêque de Québec.*

11 MAI.

MONSIEUR.—Vous avez déjà publié dans la livraison de mai de la *Revue Canadienne* la conférence que monsieur J.-P. Tardivel a donnée à l'Union Catholique de Montréal sur " La langue française au Canada ", et vous me manifestez votre intention de la mettre en brochure.

J'approuve de tout cœur votre projet. Cette conférence mérite les beaux éloges que notre public lui a décernés. Monsieur Tardivel a fait là un travail sérieux, substantiel, propre à faire aimer la langue française que nos pères nous ont transmise comme un précieux héritage, propre surtout à redresser bien des idées fausses sur la manière dont elle est parlée au Canada et à mettre notre peuple en garde contre l'invasion des anglicismes.

Je fais des vœux pour que cette conférence de monsieur Tardivel se trouve bientôt entre les mains de tous nos étudiants et de nos hommes instruits, et leur inspire de plus en plus le respect de notre belle langue française, en même temps qu'une vive et constante sollicitude pour la conserver dans toute sa pureté.

Agréez, bien cher Monsieur, l'expression de mes sentiments les plus dévoués.

5° *Mgr l'Evêque de Pembroke.*

13 MAI.

" J'approuve grandement l'heureuse idée que vous avez de faire publier en brochure la conférence donnée par M. J.-P Tardivel, devant l'Union Catholique de Montréal, sur " La langue française au Canada."

6° Mgr l'Evêque de Valleyfield.

13 MAI.

" J'ai lu, dans la *Revue Canadienne*, la conférence de M. Tardivel sur ' La langue française au Canada ' ; je l'ai trouvée très intéressante, très instructive et propre à faire tomber bien des préjugés. Comme ce beau travail doit être mis en brochure, je souhaite de le voir se répandre dane nos familles et nos maisons d'éducation."

7° Mgr d'Antigonish, Nouvelle-Ecosse.

17 MAI.

" Not having had the opportunity of reading M. Tardivel's conference, I cannot of course judge of its merits ; but I do not believe that it is possible for me to differ from a man whom I so highly admire as His Grace of Montreal."

8º *Mgr l'Archevêque de St-Boniface.*

18 mai.

Mon cher M. Leclaire,

La conférence de M. J.-P. Tardivel sur la langue française m'intéresse d'autant plus que nous faisons ici un travail colossal pour la conservation de cette langue menacée non seulement par la loi et l'antagonisme d'une certaine classe d'esprits étroits, mais aussi par *l'utilitarisme.*

Je vous félicite de donner tant de publicité à ce travail intéressant, sérieux, et qui fera un bien immense à cette heure de la grande et universelle anglomanie, parce qu'il fera aimer notre chère langue française telle qu'elle est parlée par les Canadiens-français.

Je vous bénis de grand cœur au moment de partir pour le Yukon, et je vous donne l'assurance que je recommanderai cette conférence dans mon diocèse.

9º *Mgr l'Evêque des Trois-Rivières.*

20 mai.

" Votre projet est à mon sens un acte de patriotisme éclairé. L'éminent publiciste, en faisant l'histoire politique de notre langue, nous a donné la clef de son caractère propre, de ses qualités et de ses défauts. C'est ce que beaucoup n'avaient pas aperçu jusque-là.

Bien des critiques erronées et injustes auraient été évitées, je crois, si l'on s'était rendu compte de ces faits historiques, qui sont toute une orientation.

Quant aux qualités et aux défauts de notre langage, c'est d'une façon tout à fait probante qu'ils sont établis, et je suis sûr qu'il n'y a pas un canadien-français qui ne se dise, en lisant ces lignes : Que je suis content de connaître cela !

Assurément, il y a dans ces données un moyen efficace de conserver et d'épurer notre français, et nous ne devons pas négliger de l'employer. Pourrions-nous oublier qu'à notre langue, de même qu'à notre religion, se rattachent nos destinées comme peuple ?

Je vous encourage à poursuivre l'exécution de votre projet, et à répandre le plus possible dans nos maisons d'éducation, parmi les gens instruits et parmi le peuple, le travail sérieux, instructif et agréable de M. J.-P. Tardivel."

10° *Mgr l'Evêque de St-Albert (T. N. O.)*

20 MAI

Monsieur,

En réponse à votre lettre du 10 mai, je vous dirai que, sans avoir eu encore connaissance de la conférence de M. Tardivel, dès lors que c'est une revendication en faveur de notre langue française, je ne puis moins faire que d'y adhérer absolument et de désirer qu'elle se répandre parmi nous. Je regrette que trop de Canadiens-français ne semblent point assez comprende l'importance de la langue de leurs ancêtres. Beaucoup ayant séjourné aux Etats-Unis et en ayant fréquenté les écoles, ont fini par se familiariser tellement avec l'anglais qu'ils tiennent assez peu au français. Ajoutez que notre gouvernement local fait absolument tout ce qu'il peut pour faire disparaître notre langue.........

Croyez, monsieur, à mes vœux pour le succès de votre entreprise et à toute ma reconnaissance.

III

LA CIRCULAIRE.

Montréal, le 26 mai 1901.

MONSIEUR,—Permettez-nous de faire appel à votre zèle en faveur d'une œuvre de propagande nationale et religieuse ; car, nous vous l'avouons ici franchement, même après les magnifiques éloges qui ont été faits de la conférence sur *la Langue française au Canada*,—même après le vœu exprimé par NN. SS. les Evêques de voir ce beau et si utile travail répandu et lu dans toutes les familles canadiennes,—même après cela, disons-nous, nous sommes convaincus que, sans votre coopération active et dévouée, nous pourrions encore manquer, en grande partie du moins, d'atteindre notre but, qui est la diffusion de la conférence de M. Tardivel parmi *tous* nos compatriotes.

Au contraire, avec votre concours, cher monsieur, le succès, nous le savons d'avance, est assuré ; partout notre œuvre, devenue vôtre, sera connue, appréciée, encouragée, le zèle de tous stimulé ; et toutes nos maisons d'éducations spécialement, depuis le séminaire, le collège et le couvent jusqu'à la plus modeste école de nos campagnes, auront un dépôt, une ample réserve d'exemplaires de notre brochure et deviendront ainsi autant de moyens sûrs de faire arriver la conférence sur *la Langue française au Canada* à tous les foyers. Que si une école manque absolument de ressources nécessaires pour se procurer par elle-même un millier ou, au moins, quelques centaines d'exemplaires, afin de se mettre par là en état de continuer l'importante propagande *pendant plusieurs années,* vous ne manquerez pas de suggérer à quelques amis éclairés de l'éducation, à quelques zélés et généreux compatriotes de votre localité, l'idée de se joindre à vous pour faire à votre école don de la somme requise ? Il ne faut pas oublier que nous avons là une occasion *unique* de faire le bien sur une aussi vaste échelle ; profitons-en : il n'est pas probable que tout un ensemble de circonstances aussi favorables se présente, du moins de longtemps.

Notons que l'ouvrage formera une brochure élégante : couverture coloriée, en papier très fort équivalant presque à un cartonnage ; avec titre, castor et feuilles d'érable en or ; texte orné de six belles gravures, savoir : des portraits de saint Jean-Baptiste, de Champlain, de Brébeuf, et de NN. SS. de Laval, Plessis et Bourget. Une telle brochure, ayant une valeur de plus de 10 cts, pourrait se vendre au moins 5 cts, en sorte qu'avec le temps une école rentrerait dans ses fonds, et au delà, à moins qu'on ne préfère l'offrir en récompense — ce sera un joli et *bon* prix — ou en faire une distribution absolument gratuite, chose que nous ne conseillerions pas toutefois, tant de gens étant portés à déprécier ce qui ne leur coûte rien !

Mais, en revanche, il est fort utile, l'expérience l'a prouvé, de distribuer à profusion, dans les écoles, des prix d'assiduité : rien n'exerce une influence plus salutaire sur les enfants *durant toute l'année* et ne les affectionne davantage à leurs études et à leur école. Les enfants, règle générale, comprendront facilement la conférence de M. Tardivel, car le style en est aussi simple qu'il est élégant ; mais même les enfants trop jeunes pour la lire, peuvent s'en faire les porteurs à la maison, où ils entendront les autres membres de la famille en parler et se hâteront d'arriver au bout de leur *a b c*, afin de la lire eux-mêmes

Nous ne négligeons rien pour offrir à tous nos compatriotes du Canada et des Etats-Unis un livret aussi joli qu'utile.

De plus, si on le désire, on pourra se procurer une jolie demi-reliure en toile coloriée à raison de 4 cts l'exemplaire : s'entendre pour cela avec la librairie Beauchemin, No 258, rue St-Paul.

Comme les commandes commencent à affluer et qu'il est toujours possible que, même avec le plus grand soin, il se glisse quelques erreurs, nous nous proposons de publier les noms de tous ceux qui nous honorent de leurs commandes, ainsi que le nombre d'exemplaires demandés par chacun : de la sorte une erreur sera remarquée et corrigée plus tôt.

Enfin, si nos concitoyens voulaient bien nous permettre de le dire ici en toute simplicité, nous ajouterions que notre motif dominant, à mes amis et à moi, en cette entreprise, c'est le motif religieux qu'un vrai Canadien ne doit jamais séparer du motif national. Certes, nous avons bien des raisons d'aimer et de chérir notre belle langue : mais, entre autres et surtout, nous avons celle-ci, savoir : que pour les Canadiens-français comme pour tout peuple catholique, du reste, la langue maternelle est invariablement le meilleur véhicule des premiers enseignements de la Foi que nous devons à nos bonnes mères et à nos dévoués Curés. C'est elle qui nous aide le mieux à conserver les précieuses traditions de la famille chrétienne ; toujours, dans le cours de la vie, elle arrive à nos oreilles comme tout imprégnée de l'esprit chrétien et chargée pour ainsi dire des plus doux et des plus touchants souvenirs de l'enfance. Sa puissance sur une âme bien née ne le cède en rien à celle d'une mélodie sacrée. Dès lors, on comprend la sagesse toute divine de l'Eglise dans le zèle qu'elle met à instruire les peuples dans leurs propres langues ; on comprend la raison des travaux si pénibles et si longs auxquels se livrent partout les missionnaires pour instruire même des tribus barbares dans leur idiome particulier On comprend enfin combien nos compatriotes des Etats-Unis, par exemple, ont raison de travailler à conserver l'usage de leur langue maternelle dans l'église aussi bien que dans la famille et l'école. C'est entre leurs mains, tout particulièrement, que nous voudrions voir passer, avec nos plus chaudes sympathies, la belle conférence de notre ami, M. Tardivel, sur *la Langue française au Canada*.

   Sincèrement à Vous,

     ALPHONSE LECLAIRE,

      Président du Comité.

JEAN DE BRÉBEUF, Père Jésuite.

Né en 1593, arrive au Canada en 1625; missionnaire chez les Hur dont il convertit 7,000; fait prisonnier par les Iroquois et martyrisé a le P. G. Lalemant, au milieu des plus horribles tourments, à la bourg de St-Louis, en 1649.

LA LANGUE FRANCAISE

AU CANADA.

> " Si jamais ce peuple émigrait, ce serait une perte irréparable pour l'empire."
> (*Le général Murray en 1776.*)

> " Mon plus ardent désir pour cette province " (de Québec) " a toujours été de voir sa population française jouer au Canada le rôle si admirablement rempli par la France en Europe. Arrachez de l'histoire de l'Europe les pages brillantes qui rappellent les exploits de la France ; retranchez du trésor de la civilisation européenne la part que la France y a apportée, et quel vide énorme n'aurez-vous pas ! "
> (*Lord Dufferin, gouverneur-général du Canada, 1872-78.*)

DANS un moment d'enthousiasme juvénile — on peut être jeune à tout âge — j'ai eu, Messieurs, la témérité d'accepter, il y a déjà plus d'un an, l'honorable invitation de votre Rév. Père Directeur de faire une conférence ou causerie devant l'Union catholique. J'avais choisi pour sujet : La Langue française au Canada. Mais, lorsqu'il s'est agi de mettre mon projet à exécution, mon enthousiasme m'a abandonné et j'ai compris les difficultés de ma tâche. Je me suis rappelé tout à coup que, pour parler convenablement de la langue française, au Canada ou ailleurs, il faudrait être Français et rien que Français, Français jusqu'au bout, non seulement de la plume, mais aussi de la langue : or, je suis à moitié Anglais — et même davantage, à cause de mon éducation première, — bien que messieurs les Anglais ne semblent guère s'en douter. Consterné, j'aurais voulu me dégager de ma promesse ; mais le procédé habile qui consiste à promettre beaucoup et à tenir peu, quoique parfaitement admis dans le monde politique, ne l'est pas du tout, paraît-il, dans le monde des lettres : j'ai donc dû m'exécuter. Et, sans plus de préambule, je vais vous parler, avec un accent anglais plus ou moins prononcé, de la langue française.

Nous jetterons d'abord un coup d'œil

sur l'histoire politique de la langue française au Canada ; nous examinerons ensuite le caractère de cette langue, ses qualités, ses défauts ; et nous verrons enfin les dangers qui la menacent.

I. — Histoire de la Langue française au Canada.

Et d'abord, beaucoup de personnes s'imaginent, si je ne me trompe, que l'usage de la langue française a été garanti aux Canadiens lors de la capitulation de Québec et de celle de Montréal, et du traité de Paris. C'est une erreur. Dans aucun des trois documents en vertu desquels le Canada est devenu territoire britannique, il n'est question de la langue française. Par le traité de 1763, la France stipula que les Canadiens jouiraient du libre exercice de la religion catholique ; et, à Montréal, Vaudreuil demanda que les Canadiens fussent gouvernés par les lois françaises.

une réponse digne, par son caractère

équivoque, de la plus rusée des antiques sibylles : " Ils deviendront sujets du Roi." Mais, même Vaudreuil n'a pas parlé de la langue. Quant aux hommes d'Etat français qui négocièrent le traité de Paris, ils ne semblent pas avoir plus songé à conserver la langue française que le droit français.

Si la langue française s'est maintenue au Canada ; si elle y est devenue la langue officielle du pays, ce n'est grâce ni à la France ni à l'Angleterre, mais aux Canadiens-Français. C'est une conquête exclusivement canadienne. C'est une victoire que seuls nos ancêtres ont remportée sur les Anglais, après le départ de l'armée française et du drapeau fleurdelisé. C'est une conquête pacifique de notre clergé, de nos *habitants*, de nos seigneurs et de notre bourgeoisie, du peuple canadien-français tout entier. C'est la France, sans doute, qui nous a donné cette belle langue : mais, je le répète, ce sont les Canadiens qui l'ont conservée ; ce sont eux qui ont forcé le vainqueur à la reconnaître comme langue de gouvernement.

Il faut dire aussi que la divine Providence les a singulièrement et visiblement aidés dans cette tâche à la fois patriotique et religieuse.

Dès les premières années de l'occupation du Canada par l'armée anglaise, les Canadiens-français, grâce à leur conduite digne et fière, avaient su mériter le respect et même l'affection du général Murray, qui, sous l'écorce rude du soldat, cachait une âme noble et loyale. Murray se fit le défenseur de ce peuple de paysans, abandonné de presque tout le monde, son clergé excepté, contre les aventuriers qui voulaient l'asservir, qui l'insultaient et l'exploitaient honteusement. Il s'en fit le défenseur au point de s'attirer la haine des bureaucrates anglais, qui s'étaient abattus sur le Canada comme sur une proie. Dès 1765, le général écrivit aux lords du Commerce

et des Plantations une lettre où il disait :
" Je me fais gloire d'avoir été accusé de protéger avec chaleur et fermeté les sujets canadiens du Roi et d'avoir fait tout en mon pouvoir pour gagner à mon royal maître les affections de ce brave et vaillant peuple. Si jamais ce peuple émigrait, ce serait une perte irréparable pour l'empire ; et, pour empêcher cette émigration, je le déclare à Vos Seigneuries, je m'exposerais volontiers à des calomnies et à des indignités plus grandes encore que celles que j'ai dû subir, si toutefois il est possible d'en inventer de plus grandes." (1)

Dans cette même lettre, le général Murray déclare que "le juge choisi pour gagner les esprits des 75,000 Canadiens, étrangers aux lois et au gouvernement de la Grande-Bretagne, avait été tiré d'une prison et ignorait aussi complètement la loi que la *langue du peuple.*" Il s'élève avec énergie contre la manière dont on remplissait les postes du gouvernement civil. On cédait les emplois aux plus hauts et derniers enchérisseurs, sans considérer les qualités des titulaires, " dont pas un seul, dit-il, ne comprend le langage des gens du pays."

On le voit, le général Murray insis-

---

(1) *British America*, by John McGregor, 1833.

tait, non seulement sur la haute convenance, mais sur la nécessité qu'il y avait pour ceux qui venaient officiellement en contact avec " les gens du pays — *The natives* " — de posséder la langue française. Si le brave général revenait aujourd'hui sur la terre canadienne, il trouverait certes encore matière à exercer son zèle.

Toutefois, malgré l'amitié du généra Murray pour les Canadiens et la largeur de vues de certains hommes d'Etat anglais, il n'est guère probable que nos ancêtres eussent jamais réussi à conquérir l'usage du français comme langue officielle, sans l'aide des événements que Dieu dirige à son gré.

La France semblait avoir oublié son ancienne colonie ; elle ne s'en occupait plus ; et l'Angleterre, ainsi encouragée, aurait sans doute tenté plus sérieusement d'angliciser à fond notre pays, si la Providence n'eût envoyé aux Canadiens un secours inattendu. Ce secours vint de ceux qui avaient toujours été les plus implacables ennemis de la Nouvelle-France, des Bostonnais.

En effet, à peine l'Angleterre eut-elle obtenu de la France la cession du Canada, que ses autres colonies d'Amérique manifestèrent des signes de vif mécontentement. Déjà les premiers grondements de la Révolution américaine se faisaient entendre, et les hommes d'Etat anglais comprirent que le plus sûr moyen pour l'Angleterre de conserver le Canada, c'était de se concilier les Canadiens. Ceux-ci, du reste, se rendirent bientôt compte du parti qu'ils pouvaient tirer de la situation. Des seigneurs et des notables adressèrent un mémoire au roi d'Angleterre pour lui exposer que, si l'Angleterre voulait se maintenir au Canada, elle devait accorder à ses habitants tous les droits et privilèges d'hommes libres. " S'il y a moyen d'empêcher ou au moins d'éloigner cette révolution, disaient les auteurs du mémoire, ce ne peut être qu'en favorisant tout ce qui peut entretenir une diversité d'opinions, de langues et d'intérêts entre le Canada et la Nouvelle-Angleterre." (1)

C'était là de l'habileté et de la diplomatie de bon aloi. Malheureusement, la recette en est perdue ; et, — faut-il le dire ? — ceux qui font aujourd'hui de la diplomatie et de l'habileté, travaillent en sens contraire : c'est qu'ils voudraient effacer chez les Canadiens-français tout ce qui peut les différencier des éléments qui les entourent. (2)

(1) Garneau.

(2) Lord Dufferin, un des plus éclairés et des plus sympatiques de nos gouverneurs-généraux, était convaincu de l'importance de conserver la langue française au Canada. Aussi, dans sa réponse à une adresse que lui présentèrent, le 22 juin 1878, les deux chambres de la législature de Québec, cet homme d'Etat anglais si distingué s'exprima alors comme suit :

" Il est vrai que la diversité des races qui existe au Canada complique, jusqu'à un certain point, les problèmes que les hommes d'Etat de ce pays sont périodiquement appelés à résoudre ; mais les inconvénients qui peuvent résulter de cet état de choses sont plus que compensés par les nombreux avantages qui en découlent. Je ne crois pas que l'homogénéité des races soit un bienfait sans mélange pour un pays. Certainement un des côtés les moins attrayants d'une partie considérable de ce continent est la monotonie de plusieurs de ses aspects extérieurs ; et, selon moi, il est heureux pour le Canada que sa prospérité dépende du travail commun de races différentes. L'action conjointe des divers éléments nationaux donne à votre existence une fraîcheur, une variété, une couleur, une impulsion éclectique qui manqueraient sans

Par intérêt, le parlement anglais vota donc l'acte de 1774, dit acte de Québec, qui nous donna un commencement, bien faible, si vous voulez, mais un commencement nettement accusé d'autonomie politique, et nous assura, ce qui était plus précieux encore, le maintien des lois françaises et l'usage de la langue française dans les cours de justice et pour la promulgation des lois et des règlements nouveaux.

C'est, sans aucun doute, l'acte de 1774 qui conserva le Canada à l'Angleterre et nous sauva du gouffre bostonnais.

L'acte de 1791, qui divisa le Canada en deux provinces, maintint les droits du français comme langue officielle.

Aux jours néfastes de l'Union, en 1840,

---

cela ; et ce serait une politique très erronée que d'essayer de faire disparaître cette diversité. Mon plus ardent désir pour cette province a toujours été de voir sa population française jouer au Canada le rôle si admirablement rempli par la France en Europe. Arrachez de l'histoire de l'Europe les pages brillantes qui rappellent les exploits de la France ; retranchez du trésor de la civilisation européenne la part que la France y a apportée, et quel vide énorme n'aurez-vous pas !"— Voyez : *Canada under the Administration of the Earl of Dufferin*, by George Stewart, Jr., page 614.

le parlement anglais s'avisa d'abolir l'usage officiel du français ; mais, grâce à la fermeté de La Fontaine qui eut le courage de prononcer en français, malgré la loi, son premier discours devant la nouvelle chambre des Canadas-Unis, l'ostracisme de notre langue ne dura pas longtemps. Dès 1849, la langue française était de nouveau, en vertu d'un acte du parlement britannique, mise sur un pied d'égalité, au Canada, avec l'anglais.

Ce n'est pas tout. En 1867, lors de la confédération des provinces, le nouvel acte du parlement de Londres fit du français une des langues officielles, non seulement de la province de Québec, mais aussi de tout le Dominion.

A la législature de Québec, bien qu'on l'écorche parfois, notre langue est de plus en plus employée pour la discussion. Il y a vingt-cinq ans, les débats de notre parlement provincial se faisaient souvent en anglais. Aujourd'hui, une joute oratoire en anglais parmi nos députés est presque un événement.

La langue française est donc en progrès dans la province de Québec. Elle y est tellement en progrès, que, sans la courtoisie de nos compatriotes, il y aurait fort peu de députés de langue anglaise à Québec. Sait-on bien qu'à l'heure qu'il est, ou plutôt, lors du dernier recensement, en 1891, il n'y avait plus que six comtés où la majorité fût anglaise ? Ces comtés sont : Argenteuil, Brome, Compton, Huntingdon, Pontiac et Stanstead. Dans Compton, nous avons probablement aujourd'hui la majorité et, peut-être aussi dans Argenteuil. De plus, nous débordons sur la province d'Ontario. Ainsi, dans le comté de Prescott, d'après le recensement de 1891, il y avait 16,250 Canadiens-français contre 7,923 personnes appartenant aux autres nationalités, ou plus des deux tiers ; dans Essex-Nord, nous étions 11,000 contre

19,000 ; puis, dans Russell, 14,000 contre 17,000.

Au parlement d'Ottawa, malheureusement, le français est moins parlé qu'il ne pourrait et qu'il ne devrait l'être.

Sous prétexte qu'il faut se servir de l'anglais pour être compris, nos représentants abandonnent trop facilement l'usage du français. Le prétexte est futile, je crois. D'abord, messieurs les députés anglais comprennent mieux le français qu'on ne le suppose. Si nos députés leur disaient des choses désagréables en français, bien peu d'entre eux ne les comprendraient pas. Qu'on en tente l'expérience en faisant, par exemple, l'éloge du président Krüger et du général De Wet !

Puis, n'est-ce pas en parlant le français fréquemment que nos représentants forceront leurs collègues anglais à acquérir une certaine connaissance de la langue diplomatique du monde civilisé ? Ce qui ne serait pas leur rendre un mince service. D'ailleurs, si les **nôtres** abondonnent l'usage habituel du **français** au parlement fédéral, comment pourront-ils s'opposer logiquement à son abolition comme langue parlementaire ?

Dans les provinces de l'Ouest canadien, bien que les divers groupes de **nos** nationaux y conservent encore fidèlement l'usage du français dans la famille, notre langue a subi un échec **grave**, comme langue officielle : échec d'autant plus grave, qu'il nous a été infligé mal**gré** la loi organique du pays.

En effet, l'acte de Manitoba, voté par le parlement fédéral, en 1870, et ratifié par le parlement impérial, en 1871, dit formellement à l'article 23 : " L'usage de la langue française et de la langue anglaise sera facultatif dans les débats des chambres de la législature ; mais, dans la rédaction des archives, procès-verbaux et journaux respectifs de ces chambres, l'usage de ces deux langues sera obligatoire : et, dans toute plaidoirie ou pièce de procédure par-devant les tribunaux, il pourra être également fait usage de ces langues. Les actes de la législature seront imprimés et publiés dans ces deux langues."

Voilà ce que le parlement fédéral et le parlement impérial avaient statué.

En 1890, la législature manitobaine abolit, sans phrases, cette loi fédérale et impériale, et fit de la langue anglaise la seule langue officielle de la province. Ni à Ottawa ni à Londres on ne songea à casser cette législation provinciale qui prétendait mettre de côté un statut fédéral et impérial.

Cet incident aurait dû nous convaincre que nous avons tort de compter sur les autres pour la conservation de nos droits acquis. Si nous ne les défendons par nous-mêmes, personne ne les défendra pour nous.

Mais voilà que je me laisse entraîner sur le terrain défendu de la politique. Changeons brusquement, non pas de sujet, mais de chapitre.

II.—La Langue parlée par les Canadiens est la vraie Langue française.

Nous l'avons vu, c'est grâce aux propres efforts des Canadiens-français, aidés sans doute de la Providence, que la langue française est devenue la langue officielle du Canada.

Mais cette langue, que nos ancêtres ont conservée avec un soin si jaloux, est-elle bien la vraie langue française ?

Dans certains milieux, particulièrement aux États-Unis, on est sous l'impression que le français parlé au Canada n'est pas le français véritable, mais un misérable patois. Certains de nos voisins affichent parfois leur dédain pour le *Canadian French*, très différent, à leurs yeux, du *real French as spoken in France*. Plusieurs de nos écrivains ont fait des efforts louables pour dissiper ce préjugé, mais sans grand succès, probablement.

Et même en France, en dehors d'un certain nombre de lettrés, on semble ignorer que la langue française s'est conservée intacte au Canada.

Je me souviendrai toujours de la première nuit que j'ai passée sur la terre de France. C'était en octobre 1888. J'étais débarqué à Calais, et je m'étais proposé de coucher le soir même à la Chartreuse de Notre-Dame-des-Prés. Mais, arrivé à la petite ville de Montreuil-sur-Mer, je constatai que les portes du monastère seraient fermées avant qu'il me fût possible de m'y rendre. Il me fallut donc passer la nuit à Montreuil. Je me fis conduire au premier hôtel venu. Je tombai dans une maison fréquentée par des commis voyageurs, très proprement tenue, du reste. Le commis voyageur français ! Son confrère du Canada, par comparaison, est muet comme la tombe. Quel vacarme au dîner, présidé par le maître d'hôtel ! Au cours du repas, je ne sais trop comment, je réussis à placer quelques mots. Je fis voir aussi que j'avais compris certains calembours assez compliqués. Le patron me regarda d'un air intrigué, et après le dîner, il m'aborda résolument :—Permettez, monsieur ! Je vois que vous venez du Canada, et cependant vous parlez le français comme nous. Je n'y comprends rien, moi qui croyais qu'au Canada on parlait *l'américain !*

Je lui expliquai qu'au besoin je parlais *l'américain*, mais qu'un grand nombre de Canadiens parlaient le français, pour la bonne raison que leurs ancêtres étaient venus de France.

Il parut convaincu, mais évidemment il ne l'était pas. Car le lendemain matin, au moment où j'allais partir, il m'aborda de nouveau.

—Monsieur, me dit-il, voulez-vous me permettre de vous présenter à ma femme et à mes filles ?

—Volontiers, lui répondis-je, pourvu que ça ne soit pas long.

Il me conduisit à la cuisine où madame

et ses filles étaient occupées à leurs travaux, et me présenta en ces termes :

—Voici un monsieur qui vient du Canada et qui parle le français comme nous ! Y comprenez-vous quelque chose, vous autres ? Pour moi, je n'y comprends rien.

Ces dames me regardèrent d'un petit air malin qui voulait dire clairement : " Oh oui ! nous comprenons bien cette histoire-là !" Elles étaient convaincues, j'en suis persuadé, qu'elles avaient affaire à un monsieur, non pas du Canada, mais de Marseille !

Mais peu importe, au fond, ce que les autres pensent du français des Canadiens. L'essentiel, c'est que nous ne venions pas à partager nous-mêmes leur mauvaise opinion du langage qui se parle chez nous.

En effet, n'est-il pas évident que, si nous tombions dans le mépris de notre langue, nous cesserions de l'aimer, nous cesserions de la défendre et nous finirions par l'abandonner ? Ce serait donc le commencement de la fin : et notre absorption, notre disparition dans le gouffre du *grand tout* anglo-américain suivrait bientôt. Oh ! gardons-nous bien, tout en travaillant sans cesse à épurer notre langage ; gardons-nous de donner le moindre crédit à la thèse qui affirme que nous parlons un jargon méprisable.

Il faut déplorer, selon moi, la rage dédaigneuse que certains des nôtres, sous prétexte de corriger diverses fautes que nous commettons, déploient contre ce qu'ils appellent le *canayen*.

Oui, certes, la langue que nous parlons au Canada est bien la langue française, la belle langue française du grand siècle ; et nous avons le droit, je dirai volontiers, le devoir d'en être fiers.

N'allons pas, toutefois, tomber dans l'exagération opposée à celle que commettent ceux qui dénigrent notre langage. N'ayons pas la fatuité de croire que nous parlons mieux le français que nos cousins de France ; mais ayons, au sujet de notre parler, une juste fierté, mêlée à une humilité non moins juste.

Nous avons reçu en héritage une des plus belles langues du monde ; sous plusieurs rapports, la plus belle ; et, dans son ensemble, nous l'avons conservée intacte. Vu les circonstances difficiles où était placé notre peuple, c'est là, j'ose le dire, une œuvre héroïque, une œuvre dont nous pouvons être fiers à juste titre. D'un autre côté, cette pierre précieuse que nous ont transmise nos pères et qui ne s'est pas détériorée entre nos mains, a reçu cependant quelques taches. Ces taches, il est vrai, n'en diminuent pas la valeur intrinsèque : elles en ternissent seulement quelque peu l'éclat. Appliquons-nous bien à enlever cette poussière, mais que cela soit fait d'une main délicate et sûre ; et ne prenons pas pour ternissure ce qui, en réalité, est chatoiement gracieux. En d'autres termes, sous prétexte d'épurer notre langage, ne proscrivons pas sans discernement les archaïsmes de mots et de prononciation qui l'embellissent aux yeux des véritables connaisseurs. Surtout, ne rougissons pas de ces archaïsmes, même lorsque, par amour de l'uniformité, nous croyons devoir en abandonner un certain nombre.

Je le répète, le français qui se parle dans nos campagnes du Canada n'est nullement un patois ; mais, le fût-il, que nous ne devrions pas en avoir honte. Certaines personnes semblent s'imaginer que *patois* et *jargon* sont synonymes. Rien n'est plus faux. Le patois — ou plutôt les patois, — car d'après Chapsal il y en a, en France, pas moins de quatre-vingt-dix — sont de véritables langues populaires, peu savantes, si l'on veut, mais possédant de grandes beautés, " la franchise et la naïveté de la nature antique." selon l'expression d'un écrivain français. Ce sont les formes primitives du français moderne ; les premières transformations du latin venu en contact avec le celtique et le franc : transformations originales que le petit peuple a conservées intactes à travers les âges.

On ne doit donc pas mépriser les patois. N'oublions pas qu'à Lourdes, c'est en patois que la sainte Vierge a parlé à Bernadette. La formule célèbre : " Je suis l'Immaculée Conception " n'est qu'une traduction. Le texte se lit comme suit : " Qué soi l'Immaculée Conception." Donc, si nos populations rurales parlaient un patois, nous n'aurions pas à en rougir.

Mais c'est le français qu'elles parlent, et non pas un patois ; et la raison en est bien simple. Le français s'est répandu dans le nord et le centre de la France bien plus vite que dans le midi. Au XVIIe siècle, on parlait, depuis longtemps, le français dans les provinces d'où sont sortis presque tous les ancêtres du peuple canadien. C'est donc le français, et non un patois, qu'ils ont apporté au Canada et qu'ils nous ont transmis.

Du reste, en supposant que parmi les premiers colons de ce pays il se soit trouvé quelques familles qui patoisaient, la langue de l'immense majorité de nos ancêtres, la langue du clergé, des militaires et des fonctionnaires civils, était le français ; et c'est le français qui a prévalu exclusivement. Puis, nos couvents des Dames Ursulines et de la Congrégation qui, dans les premiers temps de la colonie, ont donné l'éducation à presque toutes les mères canadiennes, enseignaient certes le français et non pas un patois quelconque. Ceux qui ont eu l'occasion d'étudier les vieilles archives du pays nous disent que le nombre des anciens Canadiens qui déclaraient "ne pas savoir signer" est extrêmement rare.

A la page 252, tome 1er du *Journal d'un voyage fait par ordre du Roi dans l'Amérique septentrionale,* (édition de 1744), le Père de Charlevoix s'exprime comme suit au cours de sa lettre

portant la date du 22 avril 1721 :
" Il y a dans la Nouvelle-France plus de noblesse, que dans toutes nos autres colonies ensemble. Le Roi y entretient encore vingt-huit compagnies de troupes et trois états-majors. Plusieurs familles y ont été anoblies, et il y est resté plusieurs officiers du régiment de Carignan-Salières, ce qui a peuplé le pays de gentilshommes."

Cela rappelle le mot d'un gouverneur anglais, lord Elgin, si je ne me trompe, qui, voyant passer une procession de Canadiens-français, s'est écrié :
" C'est un peuple de gentilshommes."

Tous ces faits expliquent facilement la conservation du français, du *vrai* français, sur les bords du Saint-Laurent.

Oui, le français que parlent nos gens de la campagne, particulièrement ceux qui ne sont jamais venus en contact intime avec l'élément anglais, est un français très pur, bien que quelque peu archaïque.

III. — Nos Habitants canadiens parlent comme parlait Louis XIV.

Et ce français que nous parlons, n'est pas tant le langage du petit peuple du

XVIIe siècle, que celui de la cour et de la haute société. Nos cultivateurs, nos braves habitants parlent comme parlait Louis XIV : voilà, je le sais, une proposition qui a le don d'exciter l'hilarité des contempteurs du *canayen*, mais qui n'est pourtant pas très éloignée de la stricte vérité. L'exagération qui s'y trouve ne dépasse pas, à mon humble avis, les bornes d'une figure de rhétorique permise.

Mais, avant d'entreprendre d'établir cette thèse, en l'appuyant sur de vieilles grammaires, permettez-moi de citer quelques témoignages d'écrivains français qui ont visité le Canada.

M. H. de Lamothe, dans son ouvrage intitulé : " Cinq mois chez les Français d'Amérique," publié en 1879, s'exprime comme suit, à la page 29, en parlant de Québec :
" On entend bientôt le doux parler de France qu'un accent tout particulier souligne sans le défigurer. On prétend que cet accent vient de la Normandie, patrie de la grande majorité des premiers colons du Canada. Récemment un Canadien, voya-

geant en France, écrivait que c'était à Chartres qu'il en avait retrouvé la plus exacte reproduction. On comprend qu'un isolement de cent ans ait conservé dans leur intégrité le langage et les expressions en usage dans la première moitié du dix-huitième siècle.

L'écrivain français aurait pu ajouter " ou dans nos glossaires "; car nos cousins de France ont laissé tomber dans l'oubli grand nombre de mots et d'expressions qui sont d'un usage courant ici et que, là-bas, on ne retrouve plus guère que dans les bouquins d'un autre siècle.

Permettez-moi d'ouvrir ici une parenthèse pour dire que ce n'est pas en France, pas même en Normandie, que j'ai trouvé, pendant mes voyages en Europe, la plus exacte reproduction du parler canadien; mais bien en Suisse. En 1896, j'assistais à la grand'messe, le jour de la Toussaint, dans la grandiose collégiale de Fribourg. Pendant le prône et le sermon, je n'aurais eu qu'à fermer les yeux—en ayant soin toutefois de ne pas dormir—pour me croire dans une de nos églises de Québec ou de Montréal: même langage, mêmes expressions, même accent, même timbre de la voix. Jusqu'aux annonces qui étaient les mêmes. Pourtant, ils sont rares, les ancêtres canadiens qui sont venus de la Suisse. Je ne sais trop comment expliquer cette similitude frappante entre le parler suisse et le parler canadien. On dit que les Suisses parlent le français sans accent. C'est ainsi que nous le parlons, sans doute. Puis, le climat rigoureux de ce pays de montagnes, étant semblable au nôtre, a pu produire le même timbre de voix qui caractérise notre parler canadien. Car c'est par le *timbre* de la voix, bien plus que par l'*accent,* qu'on peut distinguer un Français d'un Canadien. Le contact avec l'Allemand a peut-être aussi modifié le timbre de la voix des habitants de la Suisse romane, comme le contact avec l'Anglais a dû causer un certain changement dans les cordes vocales des Canadiens-français. (1)

Fermons maintenant la parenthèse pour entendre M. Gailly de Taurines, dans son ouvrage *La Nation canadienne*, publié en 1894, page 245, nous dire ce qu'il pense du langage canadien :

" La distance, le temps ont bien amené, entre le langage des Français et celui des Canadiens, quelques petites différences de prononciation ou d'expressions, mais elles ne vont pas au delà de celles que nous pouvons constater, en France même, entre nos différentes provinces. D'une façon générale, on peut dire que la langue populaire des Canadiens est infiniment meilleure et plus correcte que la langue populaire en France."

Le Père Mansion, S.J. (voir son *Manuel de Prononciation française* 1873 p. 11,) dit : " Dans le midi de la France, la distinction des différents sons de l'*a*, de l'*e* et de l'*o* s'affaiblit pour faire place à un certain milieu. A Bordeaux, tous les *a* sont aigus, et tous les *o* sont graves : on prononce l'*a* de *flamme* comme celui de *rame*, et l'on dit : *parôle, ôrange*.

(1) A propos du français de la Suisse, j'extrais la note suivante d'une lettre reçue dernièrement : "Je me rappelle avoir été frappé du grand nombre de nos expressions canadiennes qui se trouvent dans saint François de Sales, édition de ses œuvres non habillées en français moderne."

" Dans le nord de la France, on connaît les sons aigus et les sons graves ; mais on les place souvent à sens inverse de la bonne prononciation. J'ai souvent entendu dire : *Nôtre père* pour *notre père ;* *le vôtre* pour *le vôtre ;* *cotte, cotté* pour *côte, côté ;* *Pôle* pour *Paul ;* *heume* pour *homme ;* *lâ fâce* pour *la face ;* *ve, je* pour *vœa, jeu ;* et *religieux, religieuse,* etc., avec le même son aigu. Ces défauts varient d'un canton à l'autre. Les personnes instruites et de bonne compagnie n'en sont pas exemptes."

Le P. de Charlevoix, Jésuite parisien, après deux voyages au Canada, disait, en 1722, dans son *Histoire de la Nouvelle-France :*

" Nulle part ailleurs on ne parle plus purement notre langue. On ne remarque même, ici, aucun accent."

" Le Père Charlevoix," dit M. Bellay, journaliste français, arrivé depuis peu au Canada (voir son article sur l'*Enseignement des Pères Jésuites au Canada,* REVUE CANADIENNE d'octobre 1891), ajoute qu'à cette époque il y avait déjà à Québec " *un petit monde choisi* où il ne manque rien de ce qui peut former une société agréable ; l'esprit enjoué, les manières douces et polies sont communes à tous ; et la rusticité, soit dans le langage, soit dans les façons, n'est pas même connue dans les campagnes les plus écartées."

Dès les commencements de la colonie, la vénérable Marie de l'Incarnation, décédée en 1672, avait déjà rendu un semblable témoignage à nos ancêtres.

Entendons maintenant le Père Récollet, Chrétien Leclerc : " Un grand homme d'esprit m'a dit qu'il ne connaissait pas de provinces du royaume où il y eût, à proportion et communément, plus qu'en Canada, de fonds d'esprit, de pénétration, de politesse, de luxe même dans les ajustements, un peu d'ambition, de désir de paraître, de courage, d'intrépidité, de libéralité et de génie pour les grandes choses. Il nous assurait que nous y trouverions même *un langage plus poli, une énonciation nette et pure, une prononciation sans accent.*"

Voilà ce qu'*un grand homme d'esprit* avait écrit, au Père Leclec avant son arrivée au Canada, en 1673 ; et, pour nous montrer que son attente n'avait pas été trompée, le même Père disait encore plus loin : " Les Canadiens sont pleins d'esprit et de feu, de capacité et d'inclination pour les Arts." (Voir *Vi de Mgr de Laval* par l'abbé Auguste Gosselin, II vol. p. 109).

Un membre de l'Académie française, l'abbé d'Olivet, décédé en 1768, écrivait, à son tour : " On peut envoyer un opéra en Canada, et il sera chanté à Québec note pour note et sur le même ton " (c'est-à-dire avec le même accent) " qu'à Paris ; mais on ne saurait envoyer une phrase de conversation à Bordeaux et à Montpellier et faire qu'elle y soit prononcée syllabe par syllabe comme à Paris."

Paul Féval, dans son roman *Force et Faiblesse* dit : " On m'a dit que le français se parle assez bien à Moscou et à Saint-Pétersbourg. Mais, si vous voulez entendre le vrai son de la langue de Bossuet et de Corneille, l'avis général est qu'il faut aller jusqu'au Canada, où verdit un rameau du vieil arbre de France." Paul Féval, il est vrai, n'est jamais venu au Canada : mais remarquez qu'il rapporte ce qu'il a *généralement* entendu dire à ceux qui ont visité notre pays : " *l'avis général est que...*"

Xavier Marmier, de l'Académie française, disait en 1866, dans son livre, *Let-*

tres sur l'Amérique : Canada, Etats-Unis, Havane, p. 95, en parlant de notre pays : "Ici l'on garde, dans l'usage de notre langue, cette élégance, cette sorte d'atticisme du grand siècle. Le peuple lui-même le parle assez correctement et n'a point de patois."

Rameau, dans son bel ouvrage : *La France aux Colonies*, pouvait écrire après un assez long séjour au Canada : " Sur les bords du Saint-Laurent, notre langue n'a pas plus dégénéré que notre caractère. " Et ailleurs, parlant de la *Littérature canadienne*, il mentionne notre langue comme étant bien réellement la vraie langue française, " la langue française, dit-il, si gracieusement conservée dans toute sa pureté."

Voici un autre témoignage aussi précis que précieux, celui de M. J.-J. Ampère : " Pour retrouver vivantes dans la langue les traditions du grand siècle, il faut aller au Canada... Aussi, *l'habitant* canadien est-il en général religieux, probe ; et ses manières n'ont rien de vulgaire et de grossier. Il ne parle pas le patois qu'on parle aujourd'hui dans les villages de Normandie. Sous son habit de bure grise, il a une sorte de noblesse rustique Quelquefois, il est noble de nom et de race." (*Promenade en Amérique*, 1855, tome premier, pp. 109 et 116.)

"Cette langue" (la langue française au Canada) "échappé au naufrage, fut garantie de toute atteinte. Pas de patois, quelques termes du cru, je ne sais quel goût de terroir ; mais, à tout prendre, un parler français." (Voir *De l'Atlantique au Pacifique à travers le Canada et les Etats-Unis* par le baron Etienne Hulot, Paris, librairie Plon, 1888, p. 111.

M. Bellay disait encore, dans le même article de la REVUE CANADIENNE indiqué plus haut (octobre 1891) : " Il nous a été donné d'assister, cette année même, à une séance de ce genre " (séance dramatique au Collège Ste-Marie, Montréal); " et ce qui nous a particulièrement frappé, c'est le langage correct des acteurs et la pureté relative de leur accent."

Et M. Charles Bos, autre écrivain français, disait après une visite au Canada : " Nos compatriotes américains ont conservé le langage si pur du XVIIIe siècle." (Voir le *Paris-Canada*, 1 fév. 1897.

Enfin, vous-même, M. le Président (1),

---

(1) M. J.-B Lagace,

dans une de vos charmantes lettres à la *Vérité* écrites pendant votre récent voyage en Europe, n'avez-vous pas rapporté ces paroles de l'illustre général de Charette à nos pèlerins canadiens ?

"Oui, je me souviens encore de ces huit cents Canadiens qui, jadis, quittèrent leurs foyers et leur beau pays pour venir défendre Pie IX, de glorieuse mémoire. Oui, je me souviens d'eux. Et même, permettez-moi ce souvenir, j'avais quelque hésitation à les commander : car ils parlaient un français tel que je repassais dans ma mémoire deux fois mes commandements avant de les dire, de peur de passer pour ne pas savoir ma langue. Ce n'était pas le français du boulevardier qu'ils parlaient, mes zouaves canadiens, non ; mais ce bon vieux français qui résonnait à mes oreilles comme une harmonie d'antan ; eux, au moins, avaient conservé ces vieux mots qu'on oublie trop facilement en France, comme d'ailleurs le reste, tout."

Ouvrons maintenant quelques vieilles grammaires françaises et voyons si réellement nos habitants parlent comme on parlait à la cour de Louis XIV.

Lorsqu'un bon Canadien de nos campagnes dit : c'est difficile à *crère ;* il fait *fret* aujourd'hui ; le chemin est *étret* ici ;

il ne peut pas marcher *dret*; j'ai failli me *nèyer*; il faut *netèyer* cela; que le bon Dieu *soè* béni; *toè* et *moè*, on s'imagine qu'il parle horriblement mal. C'est ce que l'on appelle par dérision du *canayen*. Pourtant, cet *habitant* s'exprime absolument comme s'exprimaient ceux qui, au commencement du XVIIe siècle, se piquaient de parler le beau langage.

Il serait même facile de montrer que la prononciation de la diphtongue *oi* avec la valeur de *oa* n'est devenue générale que vers le commencement du XIXe siècle. Ainsi dans une édition du dictionnaire de Boiste, de 1808, figure encore la prononciation de *voir* par *voère*. Cette autorité est encore confirmée par celle du Père Mansion, (*Manuel de prononciation française*, p. 59.)

Ecoutons le P. Buffier, S. J., dans sa *Grammaire française*, publiée en 1741, page 346 :

"Dans les noms *froid, étroit, adroit, droit* et dans le verbe *croire*, la diphtongue *oi* se prononce le plus souvent en *è*, mais quelquefois en *oè*. Il en est de même dans *noyer, netoyer*, et au subjonctif *soit, soyons*, etc., l'*oi* se prononce en *è*. Il *faut éviter* une prononciation vicieuse de l'*oi* qui est commune même parmi les honnêtes gens à Paris, mais que tout le monde avoue être vicieuse : c'est de prononcer bois, poix, etc., comme s'il y avait *bouas, pouas*, au lieu de prononcer *boès, poès* "

Excentricité cléricale, dira-t-on.

Mais remarquez, s'il vous plait, que le Père Buffier n'est pas seul de son avis. Mauvillon, dans son *Cours complet de la langue française*, publié en 1754, s'exprime comme suit, aux pages 54-55 du tome premier ;

"J'ai dit que *oi* à la fin des mots doit se prononcer toujours comme la diphtongue *oè*... Il faut prendre garde de ne pas imiter le petit peuple de Paris qui prononce *loi, poé*, comme *roa, loa*."

Le même auteur, dans son *Epître* à monsieur le comte Maurice de Brühl, page 40 dit : " *Froid, Adroit*, il *croit, droit, étroit, endroit, soit*, se prononcent, dans la conversation, *frèd, adrèt*, il *crèt, drèt, étrèt, endrèt, sèt*."

Il ajoute que "dans la poésie et le discours

soutenu, *oi* se prononce comme la diphtongue *oè* » A la page 44 nous lisons : "*Oi* a le son de l'*o* et de l'*è* ouvert, *gloire*, *roi*, *loi*, qu'on prononce comme s'il y avait *gloère*, *roè*, *loè*, et non pas comme le peuple de Paris qui prononce *oa*, *voa*, *loa*, *boas*, *toa*, *moa*, *emploa*, *voax*, etc."

Et "le bonhomme" LaFontaine, qui passe pour avoir possédé assez bien sa langue, n'hésite pas à faire rimer *étroit* avec *fluet*. En effet, sa fable intitulée : *La Belette entrée dans un Grenier*, commence ainsi :

Demoiselle Belette, au corps long et fluet,
Entra dans un grenier par un trou fort étroit.

Il est donc manifeste qu'au commencement du XVIIIe siècle, ceux qu'on appelait alors les *honnêtes gens*, disaient, dans la conversation ordinaire, je *crès*, il *crèt*, vous *crèyez*, exactement comme nos habitants prononcent encore aujourd'hui; et que, même dans le discours soutenu, on disait je *croès* et non point je *croas*.

Du temps de Rabelais (1483-1553), non seulement on prononçait ainsi, mais on écrivait *mâchouère, mouchouère, razouère,* etc.

Et cela se comprend facilement pour certains mots, comme *croire, devoir.* Venant directement du latin, *credo, credere, debeo, debere,* ils ont dû se prononcer : je *crès*, je *doès*, avant de se transformer en je *crois*, je *dois*.

Consultons maintenant M. Restaut, avocat au parlement de Paris et aux conseils du Roi. M. Restaut est auteur d'un ouvrage didactique sur la langue française qui a eu beaucoup de succès, puisqu'il a eu au moins onze éditions, dont la première a paru en 1730, et la onzième en 1774.

La cinquième édition de cet ouvrage a pour titre : " Principes généraux et raisonnés de la grammaire française avec des Observations sur l'orthographe, les accents, la ponctuation et la prononciation, et un abrégé des Règles de la Versification française, dédiés à Monseigneur le duc de Chartres." On y trouve des choses assez surprenantes. Par exemple, dans la cinquième édition :

" On ne prononce pas l'*l* dans *il* ou *ils*, si le verbe suivant commence par une consonne : *il* mange, *ils* mangent, se prononcent comme *i* mange, *i* mangent. Dans une *nouvelle édition* publiée en 1823, le *continuateur* de l'ouvrage de M. Restaut ajoute, page 493 : "Mais si le verbe commence par une voyelle, l'*l* ne se prononce qu'au singulier : *il aime* ; et au pluriel, *ils aiment*, il faut prononcer : *i zaiment.*"

N'est-ce pas que nos habitants se trouveraient bien de ces principes dédiés aux *princes du sang ?*

Retournons à la cinquième édition de Restaut : "On ne fait pas entendre l'*r* dans *votre, notre,* quand ils sont pronoms possessifs absolus, c'est-à-dire quand ils précèdent leur substantif, et on prononce *notre* maison, *notre* chambre, comme s'il y avait *note* maison, *note* chambre."

Nos gens qui disent *note* maire, *note* député, suivent, sans le savoir, les principes que M. Restaut a proclamés, "avec approbation et privilège du roi."

Voici un autre de ces étonnants principes auxquels nos Canadiens sont restés fidèles : "*Cet* se prononce *st*, et *cette* comme *ste*. Ainsi, quoiqu'on écrive *cet oiseau, cet honneur, cette femme*, il faut prononcer *stoiseau, sthonneur, stefemme.*"

Par conséquent, lorsque nos gens disent : *à stheure*, ils ont, non pas une prononciation vicieuse et corrompue, mais la vraie prononciation d'autrefois.

Encore un principe posé par M. Restaut :

"*Quelque, quelqu'un* se prononcent aussi comme s'il y avait *quèque, quèqu'un*, sans *l*. On prononce encore, en conversation, *craire*, je *crais*, pour *croire*, je *crais*, *frèt*, pour *froid*, etc. Mais on rétablit la véritable prononciation de ces mots, aussi bien que des précédents, dans la poésie et dans le discours soutenu."—(Pages 511-12).

Dans la onzième édition de cet ouvrage, publiée en 1774 et dédiée à Mgr le duc d'Orléans, on devient de plus en plus *canadien*. Nous y lisons, à la page 562 : " Il faut toujours prononcer l'*r* à la fin des mots terminés en *ar, eur, oir, our* et *ur*, comme dans *César, douleur, pouvoir, retour, obscur*, excepté dans la proposition *sur*, où l'on ne peut pas faire sonner l'*r* avant une consonne, en prononçant *sur lui* comme *su lui*."

Il est donc établi, ce me semble, que la prononciation de nos gens de la campagne, laquelle passe souvent pour incorrecte, négligée, corrompue, est, en réalité, la véritable prononciation française d'autrefois, conservée à peu près intacte par la tradition.

Faut-il tenter de la rétablir dans nos collèges et nos couvents cette prononciation d'autrefois et enseigner à notre jeunesse studieuse à prononcer : *i zaiment*, pour *ils aimemt* ; *note* curé, pour *notre curé* ; *quèque chose* et *quequ'un*, pour *quelque chose* et *quelquun* ; *su* la table, pour *sur* la table ; *gloère, crère, dévoère*, etc. ? Assurément non. Mais, par exemple, il faut bien se garder de rire de ces archaïsmes de prononciation et d'admettre que c'est du patois, ou encore moins une prononciation corrompue.

Voyons maintenant si les Canadiens, qui ont si bien conservé l'antique prononciation, ont gâté la langue française en y ajoutant des mots de leur cru.

IV.—Les Canadiens, règle générale, n'ont rien inventé en fait de mots ou d'expressions.

Très souvent, on entend dire : tel mot, telle expression, ce n'est pas français, c'est du *canayen*.

Eh bien ! quatre-vingt-dix-neuf fois sur cent, on se trompe. A part quelques très rares vocables qu'ils ont dû créer pour désigner certains objets qui n'existent pas en France, les Canadiens n'ont rien inventé en fait de mots et d'expressions. Ils ont soigneusement conservé la langue telle que leurs ancêtres l'ont apportée au pays.

Avec un peu de patience, un peu de recherches, on pourrait retrouver presque tous les mots dont les Canadiens se servent, presque toutes les *fautes* même qu'ils commettent, signalés dans quelques vieux dictionnaires ou dans quelque glossaire de telle ou telle partie de la France, ou même dans les dictionnaires modernes complets.

Voilà une étude très intéressante à faire: je la recommande aux jeunes gens studieux. En la poursuivant avec un peu de persévérance, ils seront convaincus de l'exacte vérité de cette proposition : La langue parlée encore aujourd'hui dans nos campagnes reculées, là où l'anglicisme n'a pu pénétrer, nous est venue de la France, telle qu'elle est. Nous n'y avons pour ainsi dire rien changé, ni dans la prononciation, ni dans les mots : et nous n'y avons ajouté que bien peu de chose.

Dans une simple causerie, il est impossible de signaler le demi-quart, je dirais même la centième partie des expressions qui passent journellement pour du *canayen*, et que l'on peut retrouver dans quelque lexique français.

Pour vous montrer la richesse de ce filon, laissez-moi vous indiquer quelques-unes des découvertes que j'ai faites dans un seul glossaire, le glossaire du Centre de la France, par M. le comte Jaubert :

Abîmer, — dans le sens de se blesser : il s'est abîmé la main.

Abatteux d'ouvrage, — Un homme qui fait beaucoup d'ouvrage.

Amiquié, pour *amitié*.

Arbe, pour herbe : " Est aussi permis par ladite coustume (de Bourges) à un chascun de couper de l'*arbe* d'iceux communaux."

Animau, au singulier — Un *animau* pour animal.

Argent, au féminin. De la *bonne* argent.

Barauder — mouvoir obliquement.

Barbot — Blatte, toute espèce de petits scarabées.

Bouquets — fleurs en général. Ce pré est plein de bouquets. Semer des bouquets.

Berdasser. Faire du bruit.

Chérant, qui vend cher.

Clairté, pour clarté. " C'est belle chose voir la clairté du jour."—Rabelais.

" Il était presque jour, et le ciel souriant,
Blanchissait de clairté les peuples d'Orient."
Regnier (*Discours au Roy*).

Coti — qui commence à se gâter — du bois coti.

Coronel — pour *colonel* — Rabelais.

Qu'ri pour quérir, chercher. — Va donc qu'ri...

Se débourrer — qui commence à profiter. Voilà cet enfant qui se *débourre*.

Démancher, dans le sens de demettre. Se démancher un bras.

Devenir, dans le sens de *revenir*. Avez-vous été à la ville ? J'en *deviens*.

Dévirer — détourner. Quand je lui ai parlé, il a déviré les yeux.

Ecarter, égarer. — J'ai écarté mon couteau.

Emmiauler, prendre avec des paroles douces

Endurer pris en bonne part. J'endurerais bien mon manteau ; on endure bien le feu.

Escousse ou *secousse*. — Un laps de temps. Je l'ai attendu une bonne escousse.

Espérer, dans le sens d'*attendre*.

Siner, ancienne prononciation, dit Jaubert ; et il cite cet exemple des *Chroniques* de Reims : "La reine sina de la main diestre." Et aussi ce vers de La Fontaine "En attendant que Mars m'en donne un (passeport) et le sine."

Siler. Faire entendre un sifflement. Ce jars est en malice, il sile.

Tabaquière. Cette prononciation, dit Jaubert, est conforme à l'usage de la cour sous le règne de Louis XIV. Et il cite le passage suivant de l'abbé Callières, membre de l'Académie française, qui publia en 1692 un ouvrage ayant pour titre : *Des mots à la mode et des nouvelles façons de parler* " : " Vous voyez quantité de jeunes gens de qualité, reprit la marquise, qui viennent chez vous avec une *tabaquière* à la main, le visage et les doigts tous salis de tabac."

Tuer la chandelle pour l'éteindre passe pour du patois canadien. On trouve cette expression dans le glossaire de Jaubert.

Saccage, pour une grande quantité,

sent également le terroir canadien. Ce mot se trouve aussi dans Jaubert.

S'ennuyer de quelqu'un, ou *de quelque chose*, dans le sens *d'éprouver de l'ennui à cause de l'absence* de quelqu'un, ou de la privation de quelque chose, est une expression fort pittoresque qui nous vient de loin et que nous ferions bien de conserver. Je n'ai pu la trouver dans aucun dictionnaire, pas même dans celui de Furetière, ni dans celui de Trévoux. Mais M. Sylva Clapin, dans son intéressant *Dictionnaire canadien-français*, cite ce vers du *Roman de Berte aux grands piés :*

"Moult forment luy ennuye de sa fille."

Cette chanson de geste fut composée par le célèbre trouvère Adenet, en la seconde moitié du XIIIe siècle.

Dans l'ouvrage cité plus haut, M. Ampère dit en parlant du langage des Canadiens : "Le bagage d'un voyageur s'appelle *butin*, ce qui se dit également en Normandie et ailleurs, et convient parfaitement aux descendants des anciens Scandinaves."

Un dernier exemple. S'il y a, dans notre vocabulaire canadien, un mot qui semble propre à nos campagnes, c'est bien *itou*. Or voici que M. Clapin cite d'un vieil auteur français, L. de Lincy, dont je n'ai pu trouver le nom dans aucun dictionnaire d'écrivains français, les deux vers suivants, remarquables comme axiome de philosophie morale bien que peu conformes aux règles de la versification :

" Quand la chèvre saute au chou
Le chevreau y saute itou."

On trouve aussi *itou* dans Molière et Thomas Corneille.

Même nos fautes, nos barbarismes, nos locutions vicieuses, ai-je dit, nous viennent de la France, pour la plupart. Ainsi M. Jacquemard, dans ses *Eléments de Grammaire française*, publiés en

1805, signale les barbarismes suivants, que vous reconnaîtrez facilement :

Avanshier ; *balier* pour *balayer* ; *cataplame*, pour *cataplasme* ; un *sieau*, *sieau d'eau* ; Je *leurs* ai parlé ; Parlez *leurs* en ; Nous les *suiverons* ; Il veut, *qu'il m'a dit*, vous obliger ; donne-moi *s'en* ; tiens-toi *s'y* ; occupe-toi *s'en* ; demander *excuse*, pour demander *pardon*. *Baillez*-moi cela, pour donnez-moi cela, etc.

Il y a dans la bonne ville de Québec une rue dont le nom populaire était jadis : la rue du *Grôt âbe*. Voilà du *québecquois*, pensez-vous peut-être. Ouvrez le dictionnaire de Littré aux mots *gros* et *arbre*, et vous verrez que la prononciation *grôt âbe* nous vient du Berry !

Au mot *brouette*, Littré dans son grand dictionnaire *(1873)* dit, en parlant de l'étymologie du vocable : " Berry berouette."

Au mot *seau,* le même auteur dit: "Seau, sô ; la prononciation populaire est *siô*, au XVIe siècle Zèze dit : "On prononce seau, un *e* fermé s'entend avec *o* et ne fait qu'un son, ne prononcez pas *siau* comme les Parisiens."

Est-ce à dire que les Canadiens qui, comme les autres, ont le droit de créer des mots, n'aient absolument rien ajouté à la langue ? N'existe-t-il pas des vocables, des expressions qui soient vraiment de notre cru ? Il y en a quelques-uns, mais le nombre en est fort restreint. Et il est à remarquer que les rares mots de création vraiment canadienne sont généralement des mots gracieux, expressifs, pittoresques et dignes d'être conservés.

En l'automne de 1879, je passais sur le chemin de Beauport en compagnie de M. René Mauzès, jeune Français aussi aimable qu'intelligent, que plusieurs d'entre vous ont dû rencontrer. Nous causions de nos hivers canadiens et de nos tempêtes de neige.

—C'est ici, lui dis-je, en désignant la Canardière, endroit qui a une belle exposition au nord-est, c'est ici qu'il faut venir pour voir ce que c'est qu'une *poudrerie*.

— "Une *poudrerie*, fit Mauzès, je n'ai jamais entendu ce mot dans ce sens, mais je crois comprendre. Lorsque le vent soulève la neige et la pourchasse en tourbillons, ça doit être une *poudrerie*. Quel joli mot !"

M. H. de Lamothe, dans son ouvrage déjà cité, trouve que le mot canadien *pouvoir d'eau*, est une "très juste expression locale."

Il me semble que *bordée de neige*, expression d'origine certainement canadienne, est aussi pittoresque que *poudrerie*.

Le mot *sucrerie*, dont nous avons étendu le sens à une *forêt d'érables*, peut aussi être considéré comme une heureuse création canadienne.

Une autre jolie expression canadienne, c'est le *montant* et le *baissant*, pour désigner le *flux* et le *reflux* de la marée.

De même aussi : *la brunante* pour désigner le *crépuscule*, mot que je n'ai jamais pu trouver dans aucun dictionnaire ou glossaire français.

Lice ou *lisse*, au lieu du vilain mot *rail*, employé beaucoup plus autrefois que maintenant, est un mot que nous aurions dû conserver. Il a, m'a-t-on dit, excité l'admiration d'un savant français, M. Ampère, le grand mathématicien et physicien français, inventeur de la télégraphie électrique, qui visita notre pays il y a plus d'un demi-siècle.

Dégradé, dans le sens d'être arrêté en chemin par une tempête ou un accident, me paraît être un de ces termes de marine importés par les colons bretons et que nos ancêtres ont adaptés au langage usuel. *Amarrer un cheval* entre dans cette catégorie des expressions *maritimes* qui sont devenues *terriennes* au Canada.

Il y en a d'autres, mais je m'arrête, en

invitant les amateurs de ce genre d'études à pousser plus loin les recherches.

Examinons maintenant, rapidement, le revers de la médaille, car il en a un.

V.—C'est le langage des Canadiens instruits qui laisse, généralement, le plus à désirer.

La langue française, au Canada, surtout la langue populaire, est bien, dans son ensemble, la langue française du grand siècle. Je crois l'avoir prouvé. Mais quelque paradoxal que cela puisse paraître, c'est le langage des Canadiens instruits qui laisse, généralement, le plus à désirer.

Proportion gardée, nos habitants parlent mieux que nos hommes de profession, y compris les journalistes.

La grande tache qui dépare la langue française en Amérique, c'est l'anglicisme.

Par anglicisme, il ne faut pas entendre l'adoption de certains mots, et leur incorporation dans la langue. Cette infiltration se produit en France peut-être plus qu'ici, du moins dans le langage usuel. Nos cousins de là-bas se servent d'une foule de mots anglais que nous ne songeons pas à employer ; tels sont leur *five o'clock tea*, leur *shake-hands*, leur *home*, leur *rocking-chair*, leur *bookmaker*.

Dans le langage technique, du commerce et de l'industrie, nous employons, il est vrai, une foule de mots anglais, pour la raison bien simple que nous ignorons souvent les termes français. C'est regrettable, mais enfin le danger pour la langue littéraire n'est pas là. Ce danger, il se trouve, je le répète, dans l'anglicisme, qui peut se définir ainsi : l'emploi de mots français, auxquels on donne un sens propre à des mots semblables de la langue anglaise, ou une tournure anglaise.

Quelques exemples feront mieux saisir cette définition. Ainsi, nous entendons dire ou nous lisons dans les journaux, à chaque instant : Un tel a fait *applica-*

tion pour tel emploi. Le mot *application* est parfaitement français, mais il n'a pas le sens de *demande*. On fait l'*application* d'un principe, quelquefois ; on fait aussi et plus souvent l'application d'un cataplasme. Mais dire : " faire application pour un emploi," c'est parler en anglais avec des mots français.

Il en est de même de *faire apologie* pour faire *des excuses* ; ne vous donnez pas ce *trouble*, au lieu de cette *peine* ; *réaliser* pour se *rendre compte de*. " Nous ne *réalisons* pas bien notre position," voilà une expression qu'emploient souvent des personnes d'ailleurs très instruites. C'est de l'anglais. Réaliser veut dire *rendre réel*. On *réalise* une fortune, des espérances se *réalisent* ; mais on ne saurait *réaliser* une position.

" Vous prenez exception à ce que j'ai dit," voilà comment, il y a quelques années, un homme très haut placé commençait une lettre adressée à la *Vérité*. Toujours de l'anglais : *You take exception to what*

I have said. L'expression française serait : Vous n'admettez pas ce que j'ai dit, ou quelque chose de semblable.

De même : "Ceux qui *objectent* à l'envoi d'un contingent," n'est pas français, non plus. *Objecter* est toujours verbe actif ; on objecte une *difficulté* à une proposition, on objecte *que*, mais on ne saurait dire : ceux qui *objectent à* — Those who *object to* — C'est ceux qui *s'opposent à* qu'il faut dire.

Défalcation, défalcataire, pour *détournement* de fonds, *concussionnaire*, anglicismes ; *renverser* un jugement pour *annuler, casser* un jugement, anglicisme ; j'occupe un logement de sept *appartements*, au lieu de *pièces* ou *chambres*, anglicisme ; on *entretient* des craintes, des inquiétudes à tel sujet, au lieu de : on *a* des craintes, des inquiétudes, anglicisme ; *je vous introduis* M. Un tel, pour *je vous présente*, anglicisme.

Anglicisme aussi la phrase suivante : Je *comprends* que vous allez partir demain, au lieu de *j'apprends* ou *j'ai appris* ; et celle-ci : je le nie *emphatiquement* — emphatiquement se prend toujours en mauvaise part et signifie *avec emphase,* et non point *avec énergie* ou *formellement,* comme beaucoup semblent le croire.

✗ *Des argents* — *monies* — pour *sommes d'argent,* ou *de l'argent* ; *contracteur,* pour *entrepreneur* ; or *solide,* pour or *massif* ; instruction *compulsoire,* pour *obligatoire* ; *supporter* un candidat ou une candidature, pour *appuyer :* autant d'anglicismes.

Au Palais législatif, nos Solons ont leurs anglicismes particuliers, auxquels ils tiennent avec une ténacité qu'ils n'auraient peut-être pas, s'il s'agissait de maintenir un véritable privilège. En voici quelques-uns.

Prendre le sens de la Chambre, pour la *consulter.*

A cet *étage* de la discussion, ou du bill, pour *phase.*

Service civil, employé civil, pour *administration, employé de l'administration.*

Les Canadiens-français entendent les députés anglais dire *clerical error* ; et ils se croient obligés, libéraux comme conservateurs, de protester, eux aussi, contre les *erreurs cléricales*. Ne croyez pas que le radicalisme français nous menace, à cause de ces protestations fréquentes contre les *erreurs cléricales*. Il s'agit simplement d'erreurs de rédaction ou de copiste.

Moi pour un, traduction servile de l'anglais : *I for one*, veut dire, dans la pensée de ces messieurs : *Pour ma part*, ou *Quant à moi.*

Je *concours* dans les observations de l'honorable député ; la Chambre n'a pas *concouru* dans ce rapport. Ne vous imaginez pas qu'il s'agisse de *coopération*. On essaie seulement de traduire le mot anglais *to concur*. Il serait pourtant si facile de dire : *j'abonde* dans tel sens; la Chambre n'a pas *adopté* le rapport.

Puis, en notre langage parlementaire : *incorporer* une compagnie ne veut pas dire, selon le sens véritable du mot, l'unir à une autre compagnie, mais lui donner la personnalité civile.

Signalons enfin le plus étonnant peut-être des anglicismes qu'on entende au palais législatif et qui est réservé pour les grandes circonstances : *J'ai le plancher* — *I have the floor* — pour *j'ai la parole !*

Je pourrais allonger, et allonger encore la liste des anglicismes qui ont envahi le langage de nos hommes instruits, mais je crois vous en avoir assez signalé pour vous convaincre que le danger est réel. Oui, le danger existe et le danger est d'autant plus grand que le mal ne semble pas vouloir céder facilement aux remèdes qu'on a tenté d'y appliquer. Voilà trente ans, peut-être davantage, que quelques zélés font la guerre aux anglicismes ; et nos journaux n'en sont-ils pas encore tout hérissés ? On peut se demander si un seul a disparu. Toutefois, il ne faut pas déposer les armes. La réaction finira par se produire.

Un autre mal qu'il faut signaler, parce qu'il se propage rapidement parmi nous, c'est une mauvaise prononciation de la lettre *a*. Cette faute, d'origine relativement récente, est d'autant plus à craindre que ceux, et encore davantage *celles* qui la commettent, s'imaginent, très sincèrement, parler avec une élégance peu ordinaire.

Lorsque M. l'abbé P. Lagacé a publié son *Cours de Lecture à haute voix*, en 1875, il paraît que " nous faisions graves la plupart des *a* aigus, et trop graves ceux qui doivent l'être. " Le savant professeur ne dirait plus cela aujourd'hui, je crois. Sans doute, nous faisons graves un certain nombre d'*a* aigus. Plusieurs des nôtres disent encore très souvent deux heures et un *quârt*, — pour ma *pârt*, etc., presque *quort, port,* tout comme on prononce encore aux environs de Saint-Malo. Je connais même un compatriote — très instruit du reste — qui n'a pu se faire comprendre d'un sergent de ville parisien, parce qu'il persistait à lui demander où se trouvait la *gâre* Saint-*Lazâre.* Cette mauvaise prononciation, néanmoins, il fait plaisir de le constater, tend à disparaître. Mais en voulant réagir contre ce défaut, plusieurs tombent dans l'extrême opposé ; et, croyant parler *à la parisienne,* ils reproduisent en réalité une faute propre, par exemple, à la Picardie, donnant un *a* aigu et très bref là où il faut de toute nécessité un *â* grave et long. Ainsi, ils disent *nation, éducation, population, démonstration, vocation, agglomération,* etc. ; tandis que la véritable prononciation française est *nâtion, éducâtion, populâtion, vocâtion,* etc. L'*a* devant *tion* — de même que l'*o*—est toujours grave et long. Ceux qui croient qu'en prononçant *ŭtion*, ils parlent *à la parisienne* se trompent étrangement. Ce petit son maigre et affecté est très disgracieux et doit être évité avec soin. Les garçons de café et les cochers de Paris prononcent peut-être tout en *a* aigu : les Parisiens instruits toutefois mettent un *a* grave et long là où il en faut un. Ils ne diraient pas plus la *nătion* française, que ma *pârt* ; mais invariablement : la *nâtion* française, et ma *părt*. Si vous ne m'en croyez pas, écoutez avec attention M. le consul général de France la première fois que vous aurez l'occasion de l'entendre parler.

VI.—Aimons, respectons notre langage canadien, et travaillons à faire disparaître tout ce qui peut en ternir l'éclat

Comme conclusion, que dirai-je, sinon ce que j'ai déjà dit ? *Ne méprisons pas notre langage canadien.* Au contraire, aimons-le, respectons-le, faisons-le respecter. Mais n'allons pas croire qu'il soit sans défaut ! Reconnaissons franchement qu'il a des taches, et travaillons courageusement à faire disparaître tout ce qui en ternit l'éclat. Gardons le *juste milieu* en cette matière, comme en toute chose.

Aimons et respectons notre langue française, ai-je dit. Ne craignons pas de la parler en toute circonstance. La langue française, c'est notre drapeau national. C'est elle qui fait que nous sommes une nation distincte sur cette terre d'Amérique, et que l'hérésie a si peu de prise sur nous.

Ne mettons jamais notre drapeau en poche.

N'y a-t-il pas une tendance parmi nous à nous servir trop facilement, sans nécessité réelle, de la langue anglaise ? Je le crains. Réagissons contre cette tendance.

N'y a-t-il pas aussi une tendance à exagérer l'importance pour *tous* les Canadiens-français de savoir *parfaitement* l'anglais ?

Quelques-uns des nôtres voudraient faire du peuple canadien-français un peuple *bilingue*. Que nous serions puissants, dit-on, si tous les Canadiens-français parlaient également bien l'anglais et le français ! Prenons-y garde ! C'est un piège qu'on nous tend ; un piége doré, peut-être ; mais un piége tout de même. Connaissez-vous beaucoup de peuples bilingues ? Pour moi, je n'en connais aucun. Je connais, par exemple, un peuple qui a perdu sa langue nationale, parce qu'on lui a fait apprendre, de force, une autre langue. N'allons pas, de notre plein gré, tenter une expérience aussi dangereuse.

Que ceux des nôtres qui ont réellement besoin de savoir l'anglais l'apprennent ; qu'ils l'apprennent bien. Mais qu'ils apprennent d'abord le français, et que le français reste toujours leur langue maternelle, leur *vraie* langue.

Soyons convaincus que feu Mgr Laflèche, ce grand Canadien français, avait raison de dire qu'il n'aimait pas à entendre ses compatriotes parler l'anglais sans au moins un petit accent français. Le mot est profond et renferme un grave avertissement. Méditons-le.

Faisons respecter notre langue, ai-je dit encore. Elle a ses ennemis en ce pays, n'en doutons pas.

La guerre que l'on fait à la langue française au Canada, est sans doute moins ouverte aujourd'hui que jadis; mais n'en est-elle pas que plus dangereuse ? Notre langue est une des langues officielles du Dominion. Cela sonne bien ; cela nous flatte ; mais aussi cela nous endort. Veillons sur les mille et un détails, souvent insignifiants pris séparément, mais qui forment un tout formidable. C'est par là que se ferait, graduelle et silencieuse, la proscription du français en ce pays.

Ne nous berçons pas d'illusions : on n'a pas renoncé au projet de faire du Canada un pays exclusivement de langue anglaise. Un journal plus audacieux que les autres disait naguère qu'il faudrait abolir l'usage officiel du français, non seulement à Ottawa, mais même à Québec.

Tous nos adversaires n'expriment pas aussi ouvertement leur pensée ; mais soyons persuadés que, parmi les Anglais qui nous entourent, beaucoup désirent ardemment voir disparaître la langue française du sol canadien (1). C'est qu'elle forme obstacle à la réalisation de leurs rêves. Impossible pour eux, ils le sentent

---

(1) J'ai trouvé, peu de temps après avoir lu cette conférence, une preuve saisissante du bien fondé de cette accusation. Le *Daily Gleaner*, de Fredericton, Nouveau-Brunswick, numéro du 17 avril 1901, au cours d'un article écrit pour justifier l'expulsion des Acadiens, a fait l'étonnante déclaration que voici :

" Il y a un autre aspect de cette question qu'il ne faut pas perdre de vue. Si les Acadiens étaient restés en grand nombre, ils auraient pu l'emporter sur les Anglais et faire de la Nouvelle-Ecosse une province française comme Québec ; ce

bien, de détruire la foi catholique tant que restera debout un des principaux boulevards de cette foi au Canada : la langue de nos mères, la langue de nos premiers missionnaires, de nos guides les plus illustres, de nos glorieux martyrs — la langue des Champlain, des Brébeuf, des Laval, des Plessis, des Bourget ?

Que ces rêves d'anglicisation générale ne nous étonnent pas et ne nous exaspèrent pas : ils sont naturels. Mais, à ces rêves, opposons sans aigreur, sans haine, avec fermeté, toutefois, une grande réalité historique. Et cette réalité, c'est que, si la divine Providence a implanté la

---

qui aurait été nuisible à la prospérité d'une colonie britannique et aurait augmenté les inconvénients qu'on éprouve par suite de l'existence de l'élément français compact de la province de Québec.'

Il est peut-être bon de donner le texte anglais de cette incroyable explosion de francophobie. Le voici :

"There is another important feature in the matter not to be overlooked. Had the Acadians remained in full force, they might have outnumbered the English and made Nova Scotia a French Province like Quebec. This would have been injurious to the welfare of a British colony and would have added to the inconveniences felt by the existence of the solid French of Quebec."

CPSIA information can be obtained
at www.ICGtesting.com
Printed in the USA
BVHW08s1236060818
523682BV00023B/1143/P